AF201375

escola - школа	2
viagem - подорож	5
transporte - транспорт	8
cidade - місто	10
paisagem - ландшафт	14
restaurante - ресторан	17
supermercado - супермаркет	20
bebidas - напої	22
comida - їжа	23
fazenda - ферма	27
casa - дім	31
sala de estar - вітальня	33
cozinha - кухня	35
banheiro - ванна кімната	38
quarto de criança - дитяча кімната	42
vestuário - одяг	44
escritório - офіс	49
economia - економіка	51
profissões - професії	53
ferramentas - інструменти	56
instrumentos musicais - музичні інструменти	57
zoológico - зоопарк	59
esportes - спорт	62
atividades - дії	63
família - сім'я	67
corpo - тіло	68
hospital - лікарня	72
emergência - аварійний випадок	76
Terra - Земля	77
relógio - годинник	79
semana - тиждень	80
ano - рік	81
formas - форми	83
cores - фарби	84
opostos - протилежності	85
números - числа	88
idiomas - мови	90
quem / o quê / como - хто / що / як	91
onde - де	92

Impressum
Verlag: BABADADA GmbH, Nedderfeld 112 , 22529 Hamburg
Geschäftsführer / Verlagsleitung: Harald Hof
Druck: Books on Demand GmbH, In de Tarpen 42, 22848 Norderstedt

Imprint
Publisher: BABADADA GmbH, Nedderfeld 112 , 22529 Hamburg, Germany
Managing Director / Publishing direction: Harald Hof
Print: Books on Demand GmbH, In de Tarpen 42, 22848 Norderstedt, Germany

escola

школа

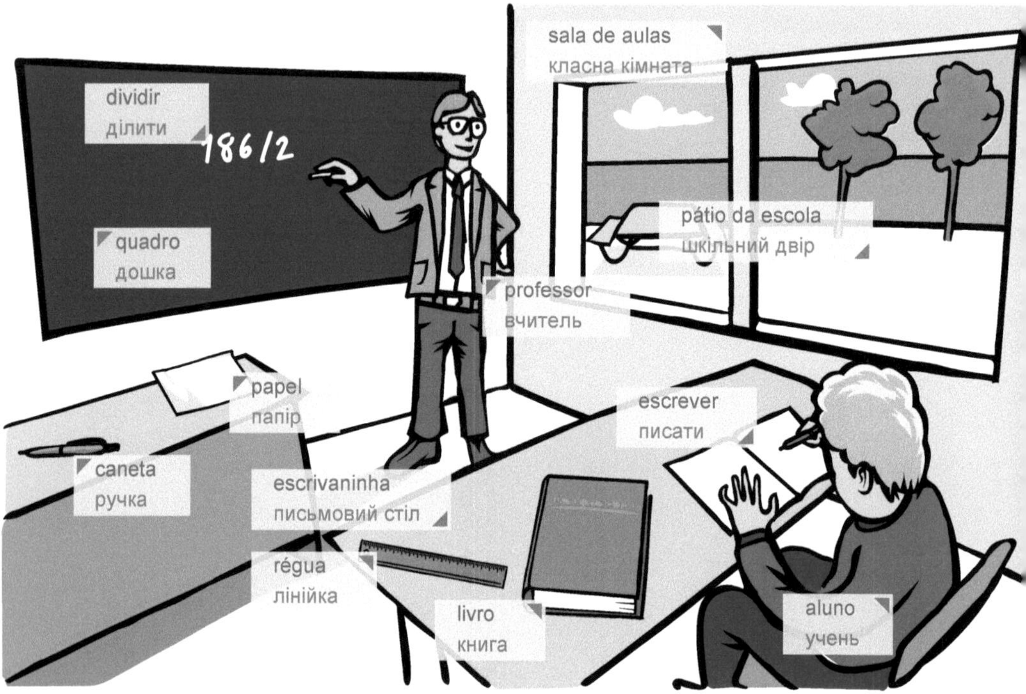
sala de aulas
класна кімната
dividir
ділити
186/2
quadro
дошка
pátio da escola
шкільний двір
professor
вчитель
papel
папір
escrever
писати
caneta
ручка
escrivaninha
письмовий стіл
régua
лінійка
livro
книга
aluno
учень

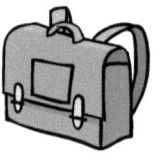

sacola

ранець

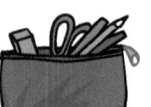

estojo de lápis

пенал

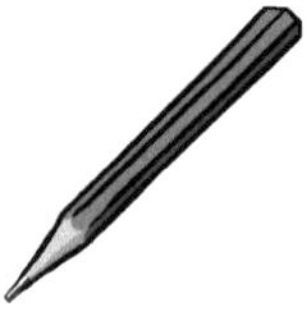

lápis

олівець

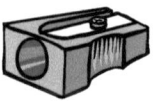

apontador de lápis

точило

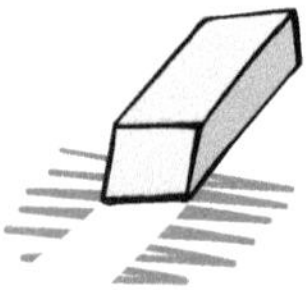

borracha

гумка

bloco de desenho

альбом для малювання

desenho

малюнок

pincel

пензель

estojo de tintas

коробка фарб

tesoura

ножиці

cola

клей

livro de exercícios

зошит

lição de casa

домашнє завдання

número

число

somar

додавати

subtrair

віднімати

multiplicar

множити

calcular

рахувати

letra

літера

alfabeto

абетка

palavra

слово

texto

текст

ler

читати

giz

крейда

hora

година

registro da classe

класний журнал

exame

екзамен

certificado

диплом

uniforme escolar

шкільна форма

educação

освіта

enciclopédia

лексикон

universidade

університет

microscópio

мікроскоп

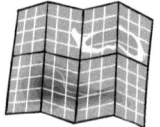

mapa

карта

cesto de lixo

кошик для паперу

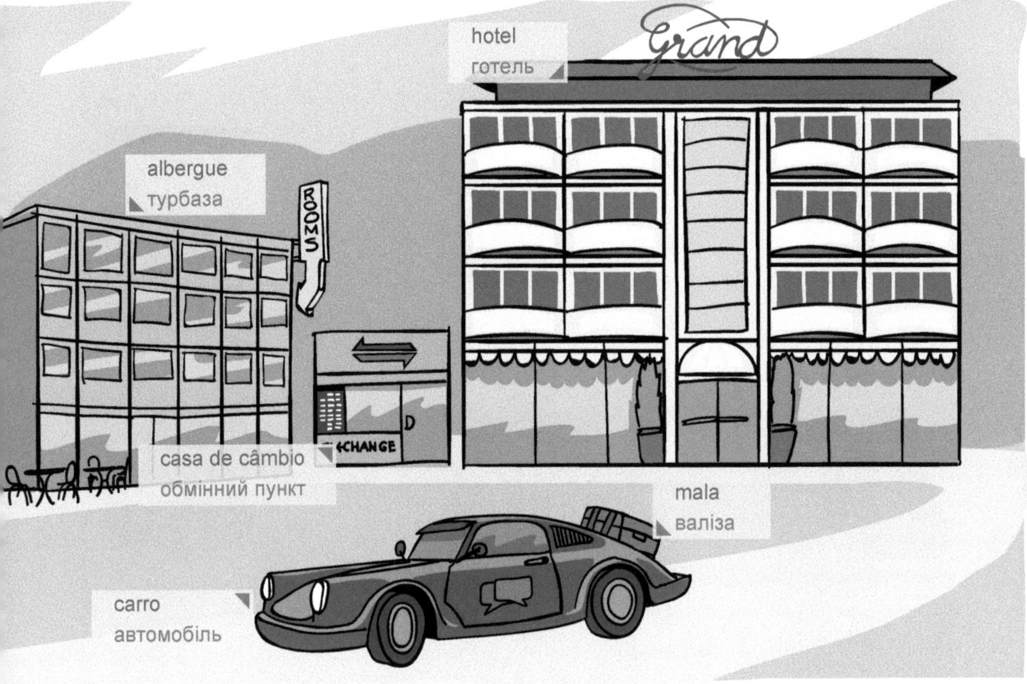

hotel
готель
Grand
albergue
турбаза
ROOMS
EXCHANGE
casa de câmbio
обмінний пункт
mala
валіза
carro
автомобіль

idioma

мова

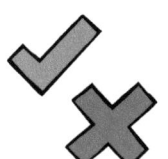

sim / não

так / ні

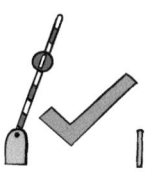

ok

добре

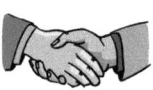

Olá

привіт

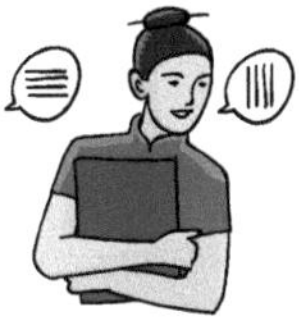

tradutor

перекладач

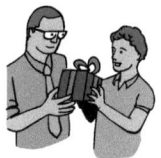

obrigado

дякую

quanto custa...?

Скільки коштує ...?

eu não entendo

Я не розумію

problema

проблема

boa noite!

Добрий вечір!

Bom dia!

Доброго ранку!

Boa noite!

На добраніч!

até logo

До побачення

direção

напрямок

bagagem

багаж

bolsa

сумка

mochila

рюкзак

convidado

гість

quarto

кімната

saco de dormir

спальний мішок

barraca

намет

informação turística

туристична інформація

praia

пляж

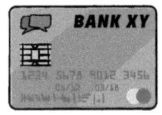

cartão de crédito

кредитна картка

café da manhã

сніданок

almoço

обід

jantar

вечеря

bilhete

квиток

elevador

ліфт

selo

поштова марка

fronteira

межа

alfândega

митниця

embaixada

посольство

visto

віза

passaporte

паспорт

transporte
транспорт

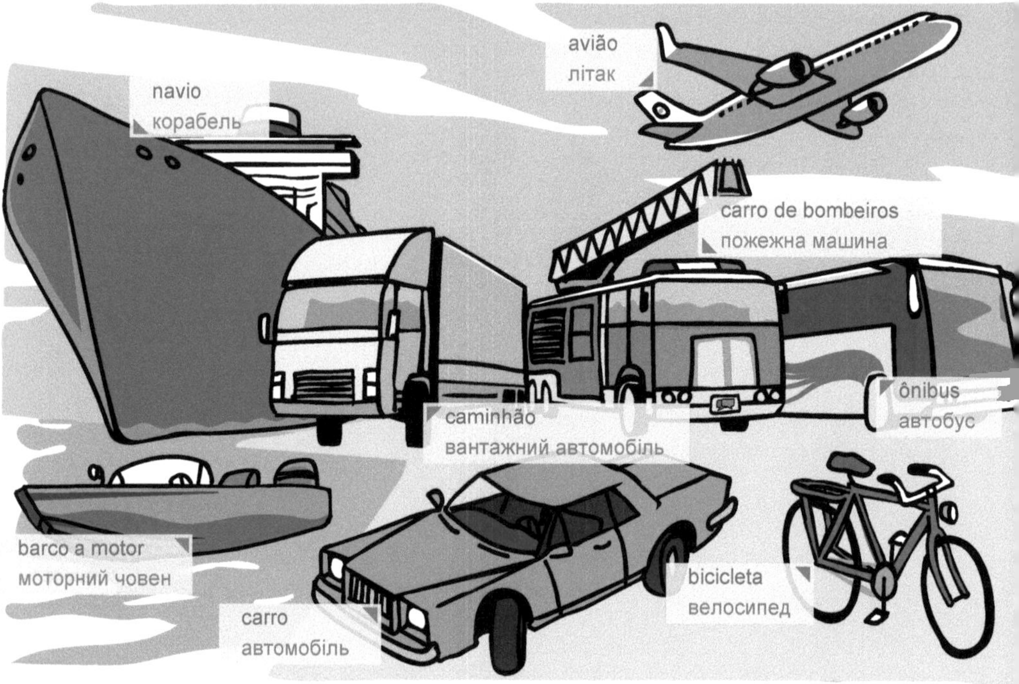
avião
літак
navio
корабель
carro de bombeiros
пожежна машина
ônibus
автобус
caminhão
вантажний автомобіль
barco a motor
моторний човен
bicicleta
велосипед
carro
автомобіль

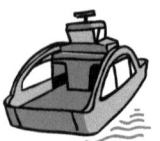

balsa

пором

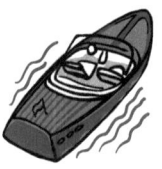

barco

човен

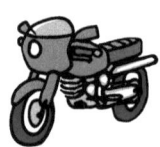

motocicleta

мотоцикл

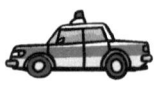

veículo policial

поліцейська машина

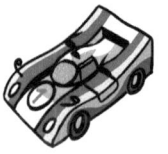

carro de corrida

гоночний автомобіль

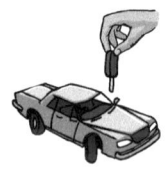

carro de aluguel

автомобіль на прокат

compartilhamento de
automóvel

спільне користування авто

caminhão de reboque

евакуатор

caminhão de lixo

сміттєвоз

motor

двигун

combustível

паливо

posto de gasolina

автозаправна станція

placa de trânsito

дорожній знак

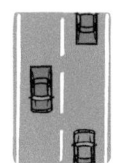

trânsito

рух

trânsito lento

затор

estacionamento

стоянка

estação de trem

вокзал

trilhos

рейки

trem

потяг

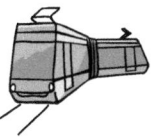

bonde

трамвай

vagão

вагон

helicóptero

гелікоптер

aeroporto

аеропорт

torre

вежа

passageiro

пасажир

contêiner

контейнер

cartolina

коробка

carroça

візок

cesto

кошик

decolar / pousar

стартувати / приземлятися

cidade

місто

vilarejo

село

centro da cidade

центр міста

casa

дім

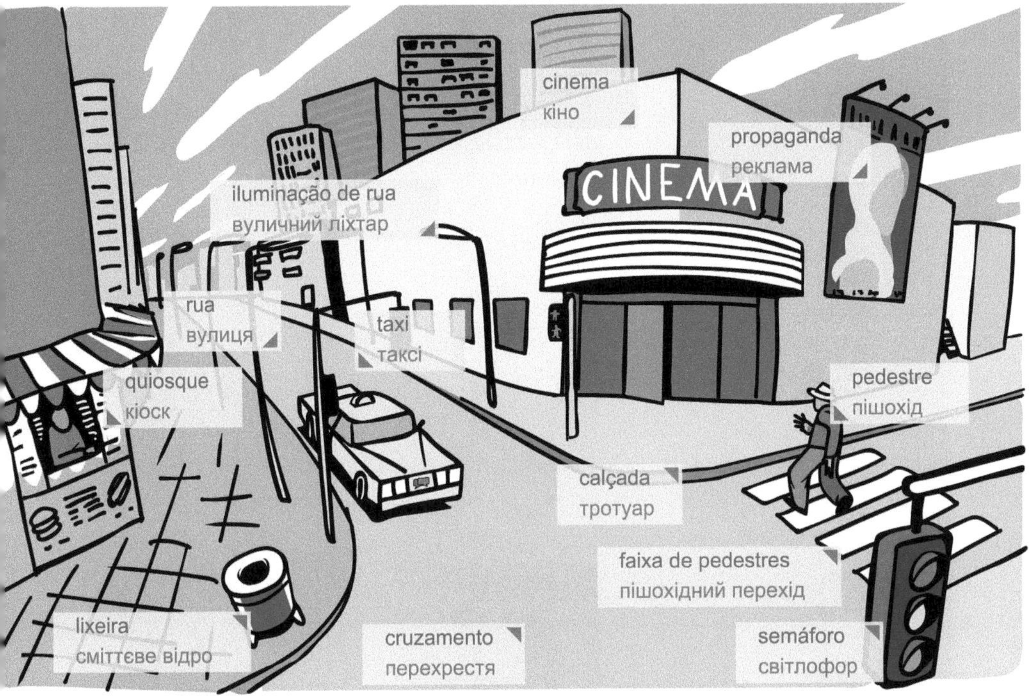

cinema
кіно
propaganda
реклама
CINEMA
iluminação de rua
вуличний ліхтар
rua
вулиця
taxi
таксі
quiosque
кіоск
pedestre
пішохід
calçada
тротуар
faixa de pedestres
пішохідний перехід
lixeira
сміттєве відро
cruzamento
перехрестя
semáforo
світлофор

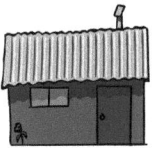

cabana

хатина

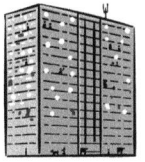

apartamento

квартира

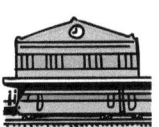

estação de trem

вокзал

prefeitura

ратуша

MUSEUM

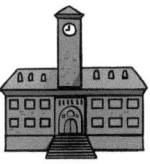

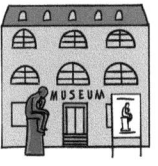

museu

музей

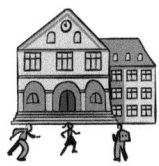

escola

школа

universidade

університет

banco

банк

hospital

лікарня

hotel

готель

farmácia

аптека

escritório

офіс

livraria

книжковий магазин

loja

магазин

floricultura

квітковий магазин

supermercado

супермаркет

mercado

ринок

loja de departamentos

універмаг

peixaria

торговець рибою

centro comercial

торговельний центр

porto

гавань

parque
парк

banco
лава

ponte
міст

escadas
сходи

metrô
метро

túnel
тунель

ponto de ônibus
автобусна зупинка

bar
бар

restaurante
ресторан

caixa de correspondência
поштова скринька

placa de rua
вулична табличка

parquímetro
лічильник паркування

zoológico
зоопарк

piscina
басейн

mesquita
мечеть

fazenda
ферма

poluição
забруднення
навколишнього
середовища

cemitério
кладовище

igreja
церква

parquinho
дитячий майданчик

templo
храм

paisagem
ландшафт

folha
листок

placa de sinalização
вказівний стовп

caminho
шлях

gramado
луг

pedra
камінь

caminhantes
мандрівник

árvore
дерево

rio
річка

grama
трава

flor
квітка

vale
....
долина

montanha
....
гора

lago
....
озеро

floresta
....
ліс

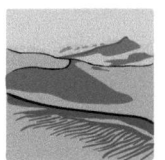

deserto
....
пустеля

vulcão
....
вулкан

castelo
....
замок

arco-íris
....
веселка

cogumelo
....
гриб

palmeira
....
пальма

mosquito
....
комар

mosca
....
муха

formiga
....
мурашка

abelha
....
бджола

aranha
....
павук

besouro

жук

sapo

жаба

esquilo

вивірка

ouriço

їжак

lebre

заєць

coruja

сова

pássaro

птах

cisne

лебідь

javali

кабан

veado

олень

alce

лось

barragem

гребля

aerogerador

вітряк

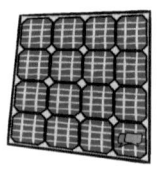

painel solar

сонячний модуль

clima

клімат

restaurante
ресторан

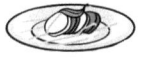

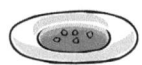

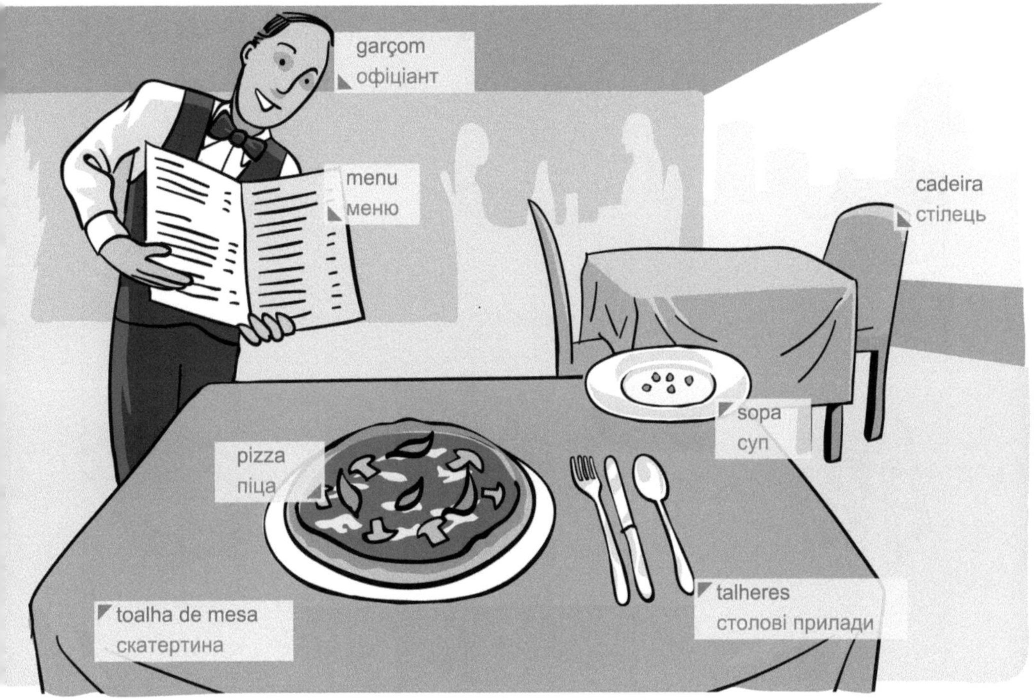
garçom
офіціант
menu
меню
cadeira
стілець
sopa
суп
pizza
піца
talheres
столові прилади
toalha de mesa
скатертина

entrada
закуска

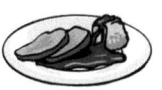

prato principal
друга страва

sobremesa
десерт

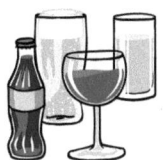

bebidas
напої

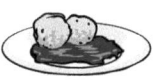

comida
їжа

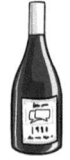

garrafa
пляшка

fastfood

фаст-фуд

comida de rua

вулична їжа

bule de chá

чайник

açucareiro

цукорниця

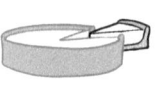

porção

порція

máquina de expresso

еспресо-машина

cadeirão

високий стільчик

conta

рахунок

bandeja

піднос

faca

ніж

garfo

вилка

colher

ложка

colher de chá

чайна ложка

guardanapo

серветка

copo

склянка

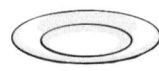

prato

тарілка

prato de sopa

тарілка для супу

pires

блюдце

molho

соус

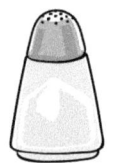

saleiro

солонка

moedor de pimenta

млин для перцю

vinagre

оцет

óleo

масло

especiarias

спеції

ketchup

кетчуп

mostarda

гірчиця

maionese

майонез

supermercado
супермаркет

oferta especial
пропозиція
FOR
cliente
клієнт
laticínios
молочні продукти
frutas
фрукти
carrinho de compras
візок для покупок

BUTCHERS

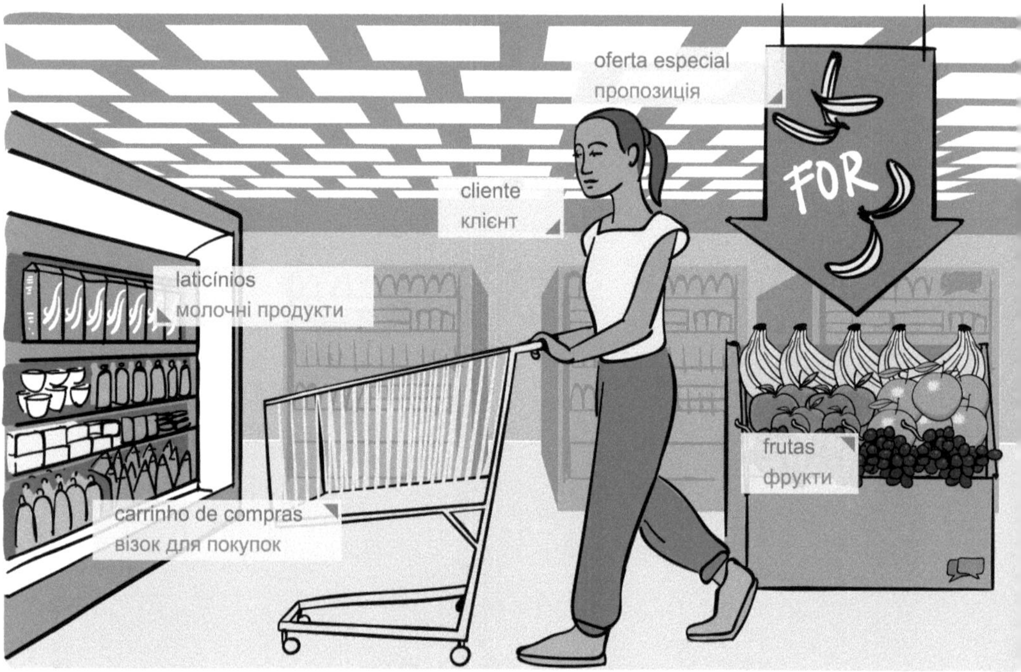

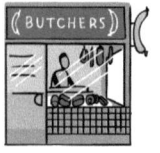

açougue

м'ясний магазин

BAKERY

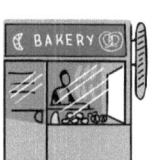

padaria

пекарня

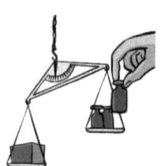

pesar

зважувати

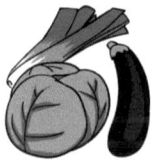

legumes

овочі

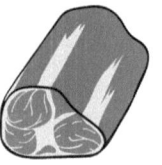

carne

м'ясо

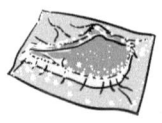

congelados

заморожені продукти

charcutaria

ковбасна нарізка

conservas

консерви

detergente em pó

пральний порошок

doces

солодощі

artigos domésticos

предмети домашнього побуту

produtos de limpeza

мийний засіб

vendedora

продавщиця

caixa

каса

caixa

касир

lista de compras

список покупок

horário de funcionamento

часи роботи

carteira

гаманець

cartão de crédito

кредитна картка

sacola

сумка

saco plástico

поліетиленовий пакет

água

вода

suco

сік

leite

молоко

coca-cola

кола

vinho

вино

cerveja

пиво

álcool

алкоголь

cacau

какао

chá

чай

café

кава

expresso

еспресо

cappuccino

капучіно

banana

банан

maçã

яблуко

laranja

апельсин

melão

кавун

limão

лимон

cenoura

морква

alho

часник

bambu

бамбук

cebola

цибуля

cogumelo

гриб

nozes

горішки

macarrão

локшина

espaguete

спагеті

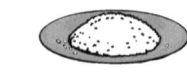

arroz

рис

salada

салат

batatas fritas

картопля фрі

batatas frias

смажена картопля

pizza

піца

hambúrger

гамбургер

sanduíche

бутерброд

escalope

шніцель

presunto

шинка

salame

салямі

salsicha

ковбаса

galinha

курка

assado

печеня

peixe

риба

flocos de aveia

вівсяні пластівці

granola

мюслі

flocos de milho

кукурудзяні пластівці

farinha

борошно

croissant

круасан

pãozinho

булочка

pão

хліб

torrada

тостовий хліб

biscoitos

печиво

manteiga

масло

requeijão

сир

bolo

пиріг

ovo

яйце

ovo frito

яєчня

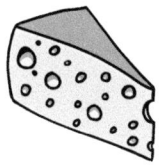

queijo

сир

sorvete

морозиво

açúcar

цукор

mel

мед

geleia

мармелад

creme de avelãs

нуга-крем

curry

карі

fazenda
ферма

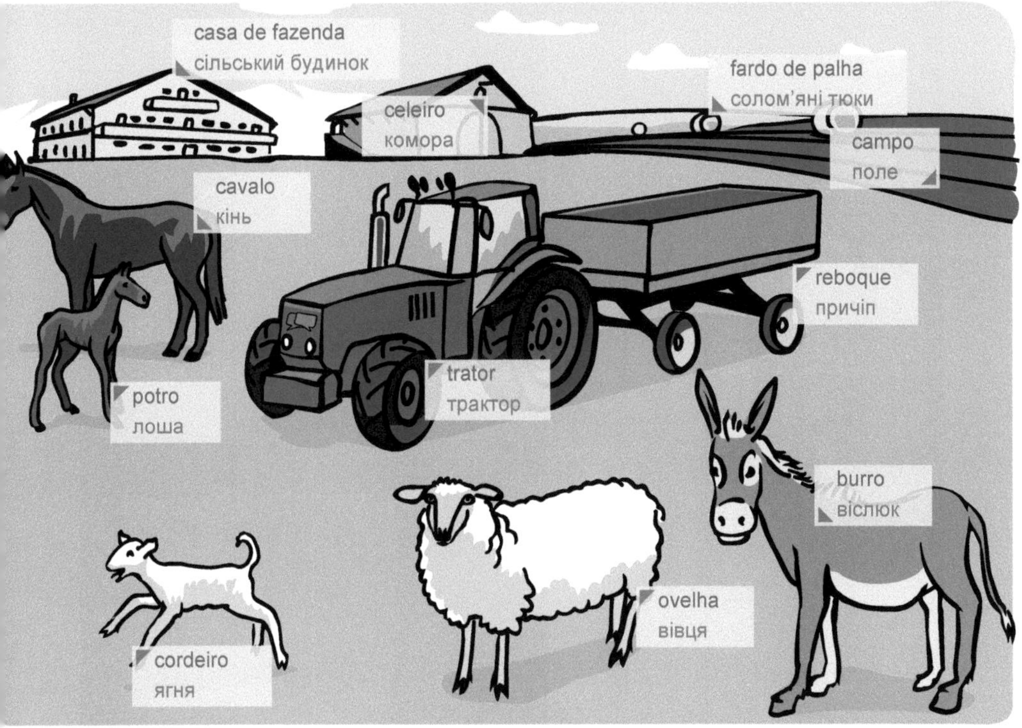

casa de fazenda
сільський будинок
fardo de palha
солом'яні тюки
celeiro
комора
campo
поле
cavalo
кінь
reboque
причіп
trator
трактор
potro
лоша
burro
віслюк
ovelha
вівця
cordeiro
ягня

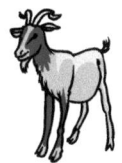

cabra

козa

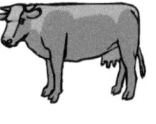

vaca

корова

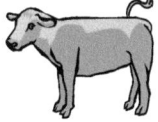

bezerro

теля

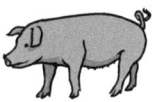

porco

свиня

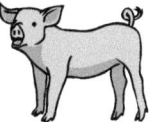

leitão

порося

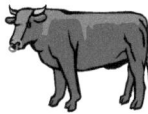

touro

бик

ganso

гусак

pato

качка

pintinho

курча

galinha

курка

galo

півень

ratazana

щур

gato

кіт

camundongo

миша

boi

віл

cachorro

собака

casinha do cachorro

собача будка

mangueira de jardim

садовий шланг

regador

лійка

foice

коса

arado

плуг

foice

серп

enxada

мотика

forquilha

вила

machado

сокира

carrinho de mão

тачка

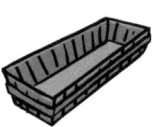

manjedoura

корито

jarra de leite

бідон молока

saco

мішок

cerca

паркан

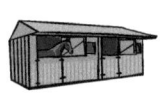

estábulo

хлів

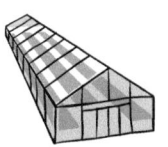

estufa

теплиця

solo

ґрунт

semente

насіння

fertilizante

добриво

colheitadeira

комбайн

colher

пожинати

colheita

урожай

inhame

корінь ямсу

trigo

пшениця

soja

соя

batata

картопля

milho

кукурудза

colza

ріпак

árvore frutífera

плодове дерево

mandioca

маніок

cereais

злаки

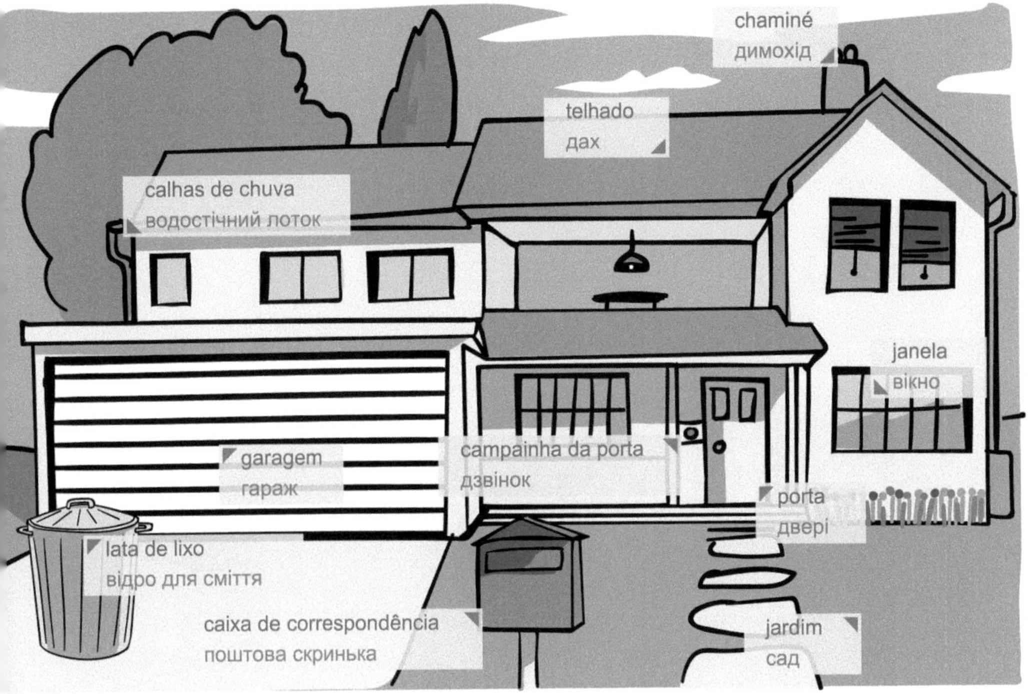

chaminé
димохід

telhado
дах

calhas de chuva
водостічний лоток

janela
вікно

garagem
гараж

campainha da porta
дзвінок

porta
двері

lata de lixo
відро для сміття

caixa de correspondência
поштова скринька

jardim
сад

sala de estar

вітальня

banheiro

ванна кімната

cozinha

кухня

quarto de dormir

спальня

quarto de criança

дитяча кімната

sala de jantar

їдальня

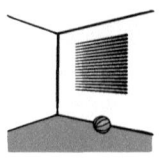

chão

підлога

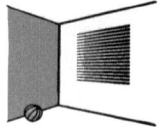

parede

стіна

teto

стеля

porão

підвал

sauna

сауна

varanda

балкон

terraço

тераса

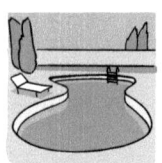

piscina

басейн

cortador de grama

косарка

lençol

простирало

coberta

ковдра

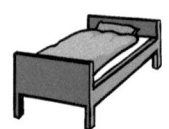

cama

ліжко

vassoura

мітла

balde

відро

interruptor

перемикач

sala de estar

вітальня

papel de parede
шпалери
quadro
малюнок
lâmpada
лампа
prateleira
поличка
armário
шафа
televisão
телевізор
lareira
камін
flor
квітка
travesseiro
подушка
sofá
диван
vaso
ваза
controle remoto
пульт

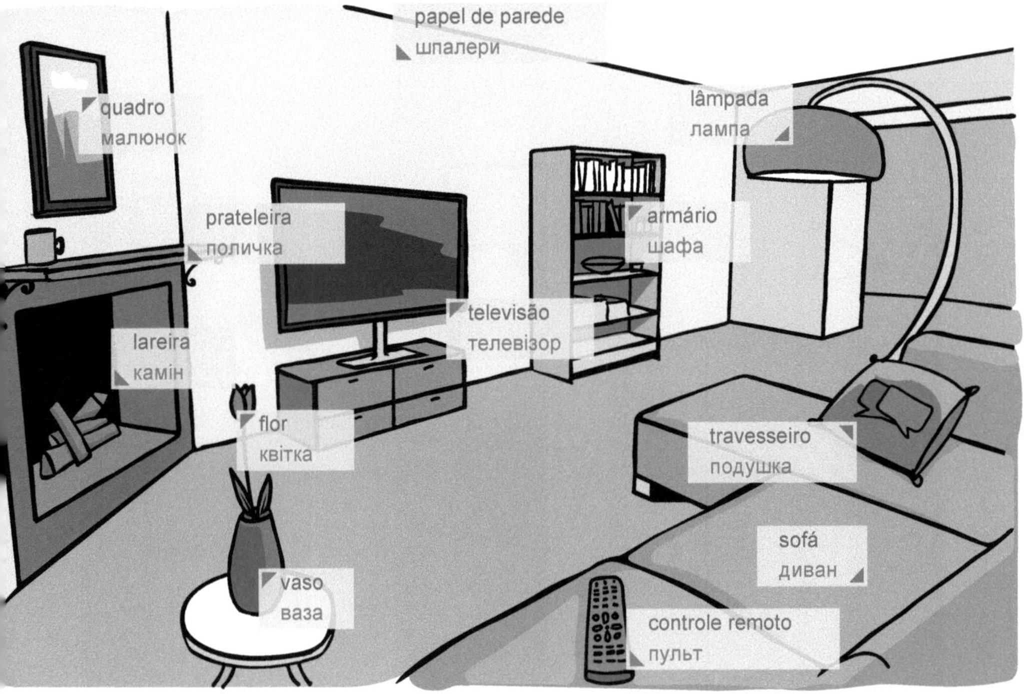

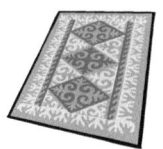

tapete
килим

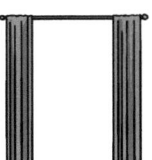

cortina
завіса

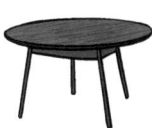

mesa
стіл

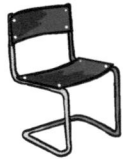

cadeira
стілець

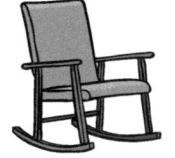

cadeira de balanço
крісло-гойдалка

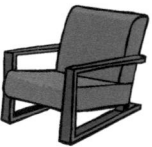

poltrona
крісло

livro

книга

cobertor

ковдра

decoração

прикраса

lenha

дрова

filme

фільм

equipamento de som

стереосистема

chave

ключ

jornal

газета

pintura

картина

pôster

плакат

rádio

радіо

bloco de notas

блокнот

aspirador

пилосос

cacto

кактус

vela

свічка

cozinha
кухня

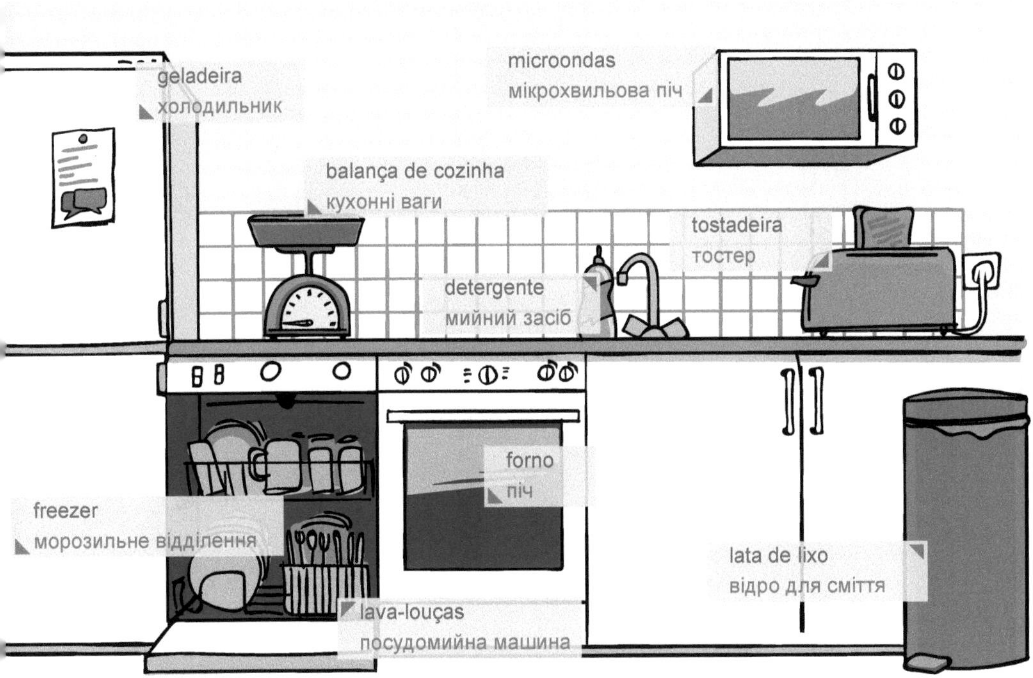
geladeira
холодильник
microondas
мікрохвильова піч
balança de cozinha
кухонні ваги
tostadeira
тостер
detergente
мийний засіб
forno
піч
freezer
морозильне відділення
lata de lixo
відро для сміття
lava-louças
посудомийна машина

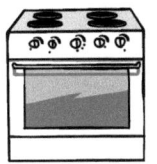

fogão

плита

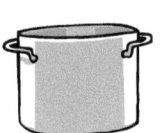

panela

горщик

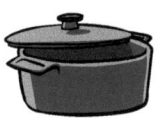

panela de ferro

чавунний горщик

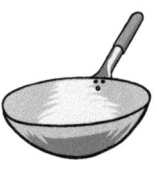

wok / kadai

вок / кадай

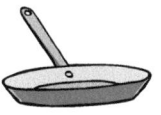

frigideira

сковорода

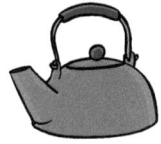

chaleira

чайник

panela a vapor

пароварка

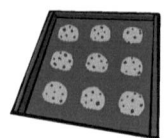

tabuleiro de forno

лист

louça

посуд

caneca

кухоль

caçarola

чаша

hashi

палички для їжі

concha de sopa

черпак

espátula

лопатка

batedor

вінчик для збивання

escorredor

сито

peneira

сито

ralador

терка

almofariz

ступка

churrasqueira

барбекю

lareira

багаття

tábua de cortar

дошка

rolo da massa

качалка

saca-rolhas

штопор

lata

консерва

abridor de latas

відкривачка

pegador de panela

прихватки

pia

раковина

escova

щітка

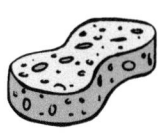

esponja

губка

liquidificador

міксер

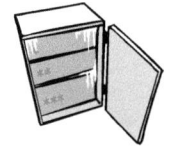

congelador

морозильна камера

mamadeira

дитяча пляшка

torneira

кран

banheiro

ванна кімната

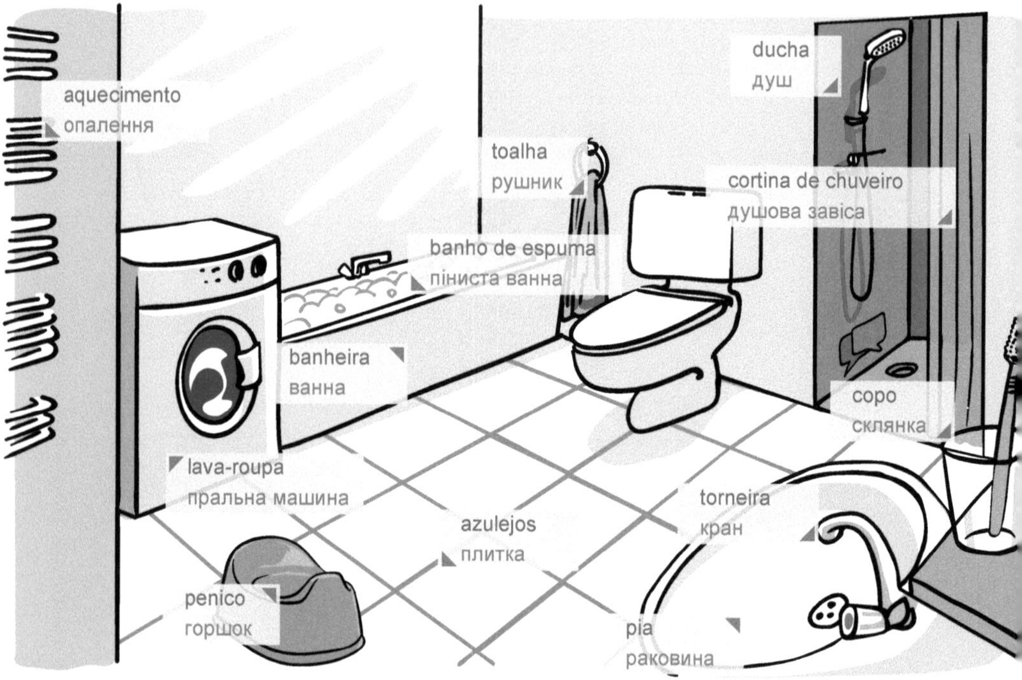
aquecimento
опалення
ducha
душ
toalha
рушник
cortina de chuveiro
душова завіса
banho de espuma
пініста ванна
banheira
ванна
copo
склянка
lava-roupa
пральна машина
torneira
кран
azulejos
плитка
penico
горшок
pia
раковина

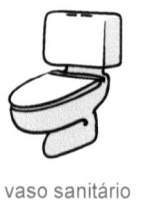

vaso sanitário
туалет

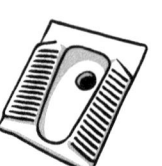

lavabo de agachar
підлоговий туалет

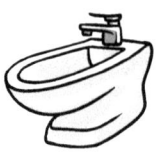

bidê
біде

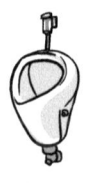

mictório
пісуар

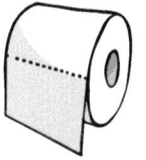

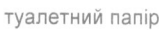

papel higiênico
туалетний папір

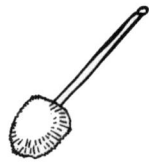

escova de privada
щітка для туалету

escova de dentes

зубна щітка

pasta de dentes

зубна паста

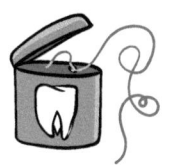

fio dental

нитка для чищення зубів

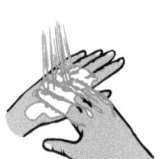

lavar

мити

ducha de mão

ручний душ

ducha íntima

інтимний душ

bacia

таз

escova para as costas

щітка для спини

sabonete

мило

gel de banho

гель для душу

xampu

шампунь

toalha de rosto

мочалка

escoamento

водостік

creme

крем

desodorante

дезодорант

espelho

дзеркало

espelho de mão

косметичне дзеркало

barbeador

бритва

espuma de barbear

піна для гоління

loção pós-barba

лосьйон після гоління

pente

гребінь

escova

щітка

secador de cabelo

фен

spray de cabelo

лак для волосся

maquiagem

косметика

batom

губна помада

esmalte de unhas

лак для нігтів

algodão

вата

tesoura para unhas

ножиці для нігтів

perfume

парфум

nécessaire

косметичка

banquinho

табурет

balança

ваги

roupão de banho

халат

luvas de borracha

гумові рукавички

absorvente interno

тампон

absorvente íntimo

гігієнічні прокладки

banheiro químico

біотуалет

quarto de criança

дитяча кімната

despertador
будильник
boneco de pelúcia
м'яка іграшка
carrinho de brinquedo
іграшковий автомобіль
chacoalho
брязкальце
casa de bonecas
ляльковий будиночок
presente
подарунок

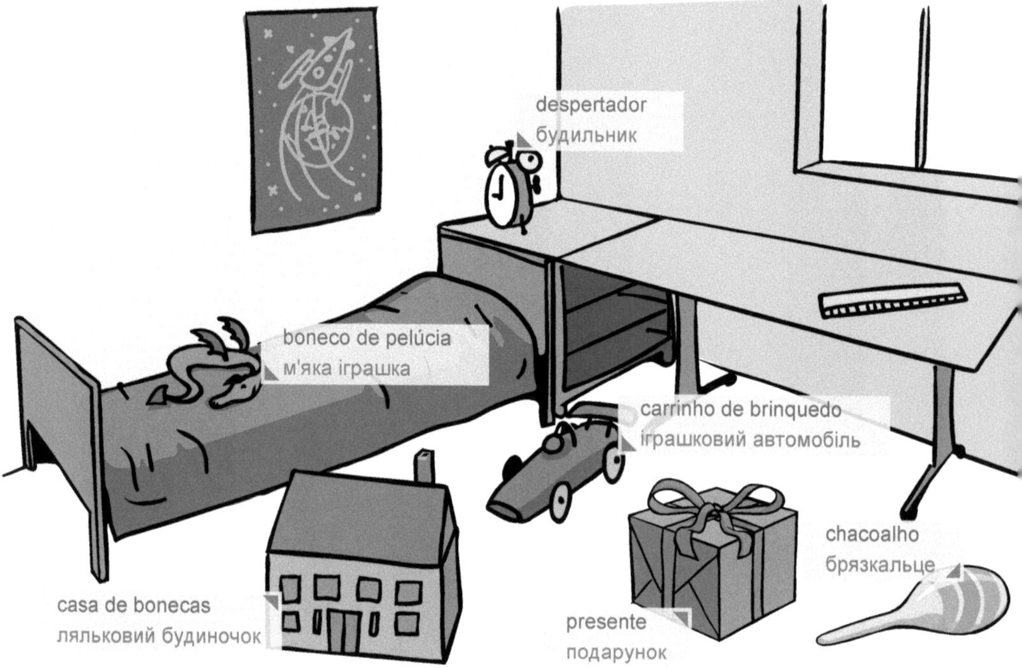

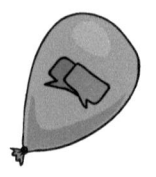

balão

повітряна кулька

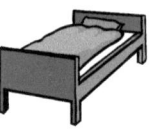

cama

ліжко

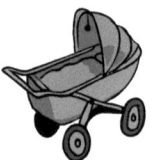

carrinho de bebê

дитячий візок

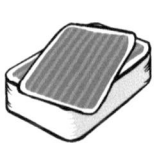

jogo de cartas

картярська гра

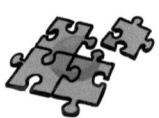

quebra-cabeças

пазл

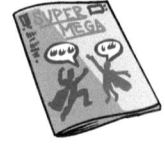

revista de quadrinhos

комікс

peças de Lego

лего цеглинки

blocos de construção

блоки

figura de ação

іграшкова фігурка

macaquinho de bebê

повзунки

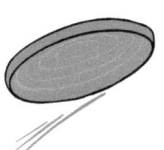

frisbee

фризбі

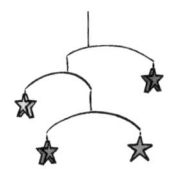

móbile para bebé

мобіле

jogo de tabuleiro

настільна гра

dados

кубик

trenzinho elétrico

модель залізнична станція

chupeta

соска

festa

вечірка

livro ilustrado

книжка з картинками

bola

м'яч

boneca

лялька

brincar

грати

caixa de areia

пісочниця

balanço

гойдалка

brinquedos

іграшка

videogame

гральна консоль

triciclo

триколісний велосипед

ursinho de pelúcia

плюшевий мішка

guarda-roupa

шафа

vestuário
одяг

meias

шкарпетки

meias pelo joelho

панчохи

meias-calças

колготки

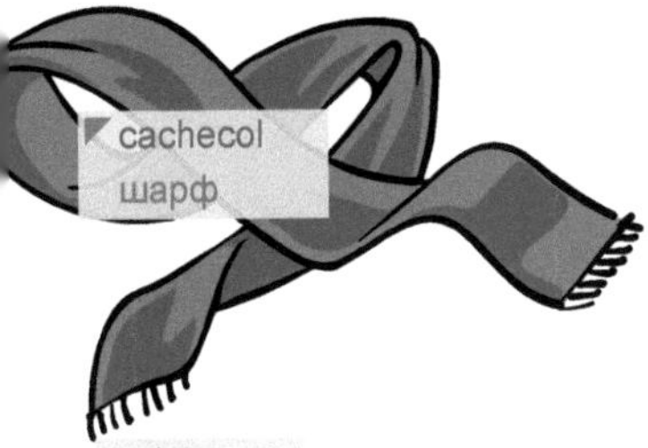

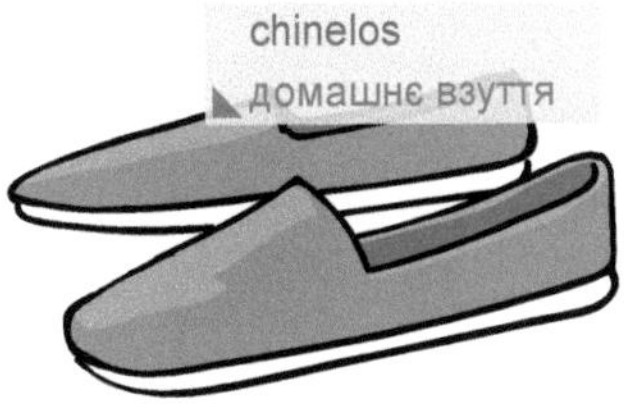

cachecol
шарф

guarda-chuva
парасоля

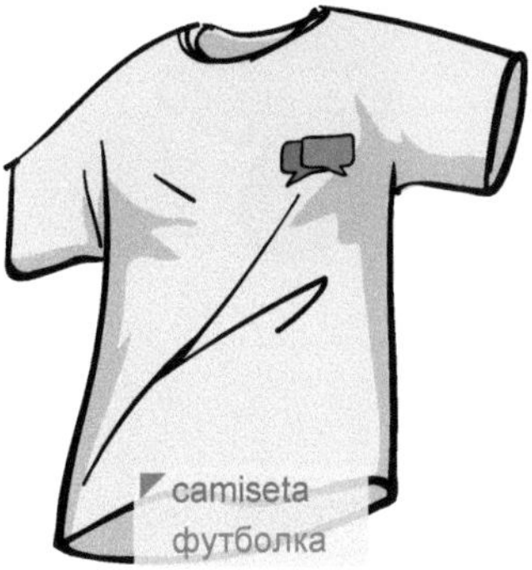

camiseta
футболка

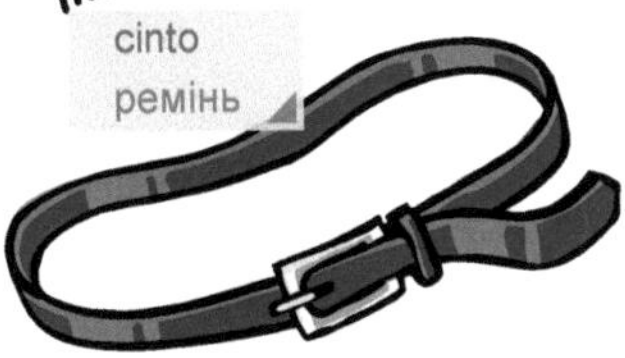

cinto
ремінь

botas
чоботи

chinelos
домашнє взуття

tênis
кросівки

sandálias
сандалі

sapatos
взуття

botas de borracha
гумові чоботи

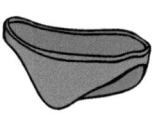

roupa de baixo
труси

sutiã
бюстгальтер

camiseta de baixo
нижня сорочка

body

боді

calças

штани

jeans

джинси

saia

спідниця

blusa

блузка

camisa

сорочка

pulôver

пуловер

suéter com capuz

светр

blazer

піджак

jaqueta

куртка

casaco

пальто

gabardine

дощовик

traje

костюм

vestido

сукня

vestido de casamento

весільна сукня

terno
костюм

camisola
нічна сорочка

pijama
піжама

sari
сарі

lenço de cabeça
головна хустка

turbante
чалма

burca
бурка

cafetã
кафтан

abaya
абая

maiô
купальник

sunga
плавки

shorts
шорти

roupa de treino
тренувальний костюм

avental
фартух

luvas
рукавички

botão

гудзик

óculos

окуляри

pulseira

браслет

colar

ланцюг

anel

кільце

brinco

сережка

boné

шапка

cabide

плічка

chapéu

капелюх

gravata

краватка

zíper

застібка-блискавка

capacete

шолом

suspensórios

підтяжки

uniforme escolar

шкільна форма

uniforme

уніформа

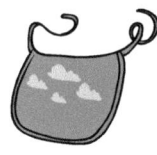

babador

нагрудник

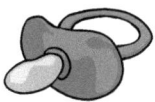

chupeta

соска

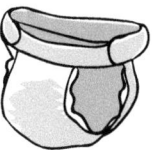

fralda

підгузок

escritório

офіс

servidor
сервер
armário de arquivos
шаф для документів
impressora
принтер
papel
папір
monitor
монітор
mouse
миша
escrivaninha
письмовий стіл
pasta
папка
teclado
синтезатор
cesto de lixo
кошик для паперу
computador
комп'ютер
cadeira
стілець

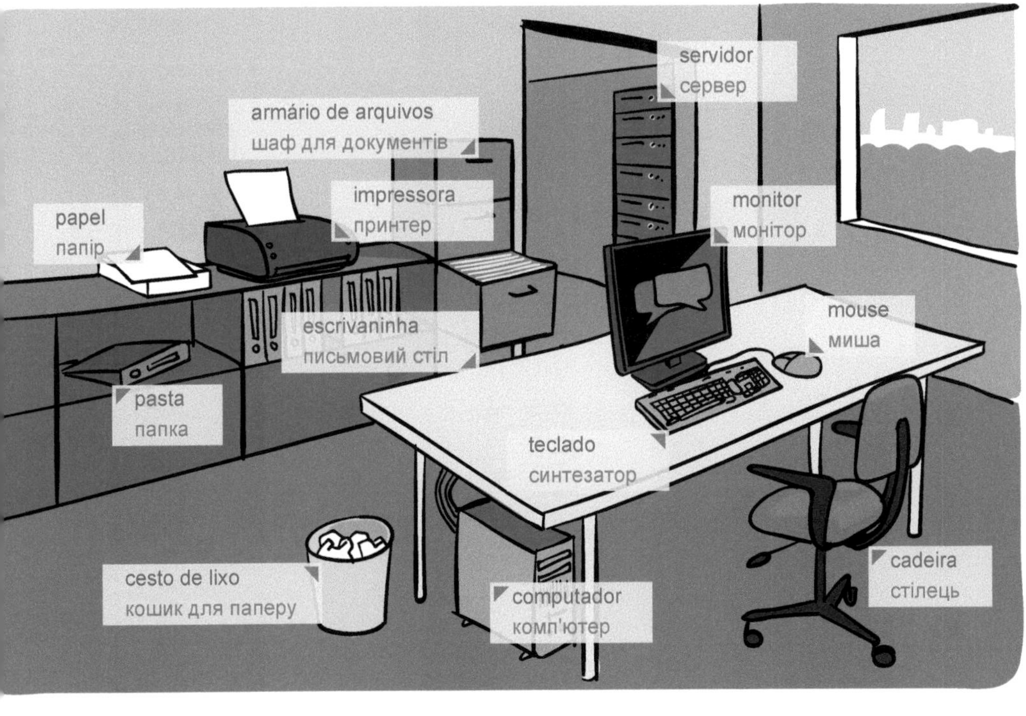

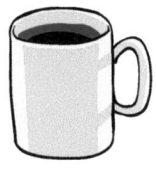

xícara de café

кавовий кухоль

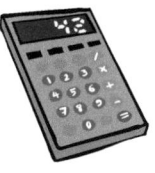

calculadora

калькулятор

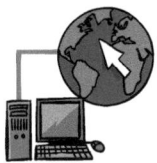

internet

інтернет

laptop

ноутбук

carta

лист

mensagem

повідомлення

celular

мобільний телефон

rede

мережа

copiadora

копіювальний пристрій

software

програмне забезпечення

telefone

телефон

tomada

розетка

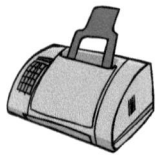

fax

факс

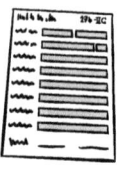

formulário

бланк

documento

документ

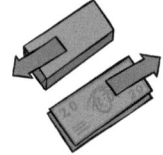

comprar

купувати

pagar

платити

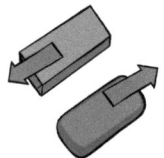

negociar

торгувати

dinheiro

гроші

USD

Dólar

долар

EUR

Euro

євро

JPY

Yen

ієна

RUB

rublo

рубль

CHF

franco suíço

франк

CNY

renminbi yuan

юанів женьміньбі

INR

rupia

рупія

caixa eletrônico

банкомат

casa de câmbio

обмінний пункт

ouro

золото

prata

срібло

petróleo

нафта

energia

енергія

preço

ціна

contrato

контракт

imposto

податок

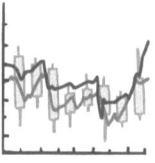

ação

акція

trabalhar

працювати

empregado

працівник

empregador

роботодавець

fábrica

фабрика

loja

магазин

profissões
професії

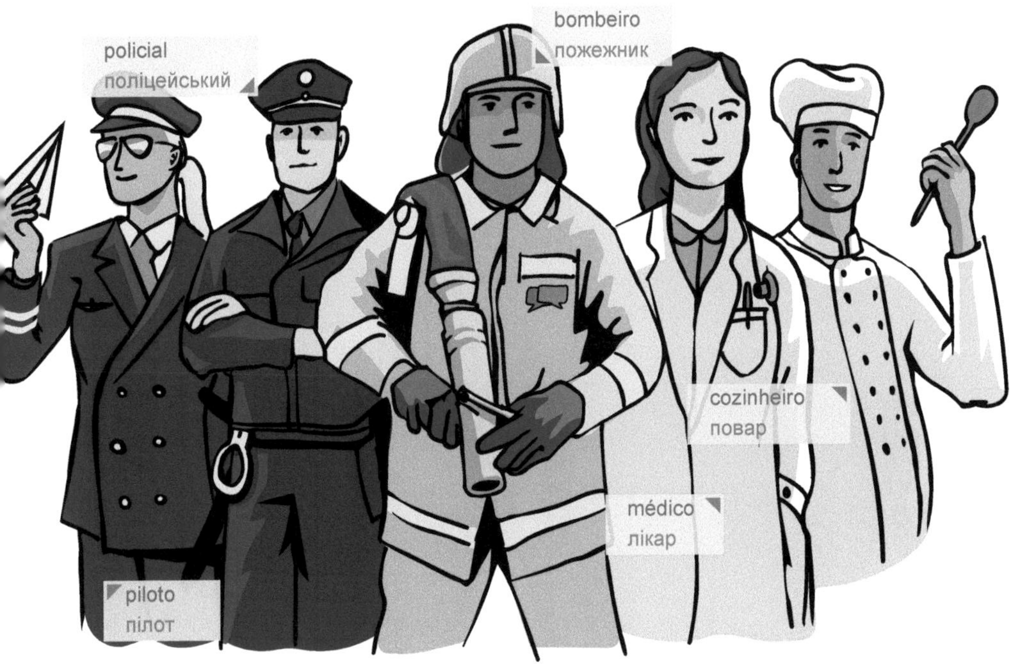

policial
поліцейський
bombeiro
пожежник
cozinheiro
повар
médico
лікар
piloto
пілот

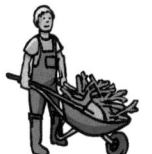

jardineiro

садівник

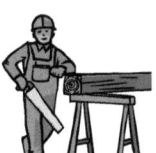

marceneiro

столяр

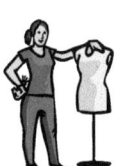

costureira

швачка

juiz

суддя

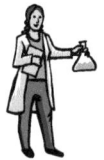

químico

хімік

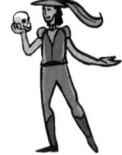

ator

актор

motorista de ônibus

водій автобуса

motorista de táxi

таксист

pescador

рибалка

faxineira

прибиральниця

telhador

покрівельник

garçom

офіціант

caçador

мисливець

pintor

художник

padeiro

пекар

eletricista

електрик

construtor

будівельник

engenheiro

інженер

açougueiro

забійник

encanador

бляхар

carteiro

листоноша

soldado

солдат

arquiteto

архітектор

caixa

касир

florista

флорист

cabelereiro

перукар

condutor

кондуктор

mecânico

механік

capitão

капітан

dentista

дантист

cientista

вчений

rabino

рабин

imam

імам

monge

монах

pastor

пастор

ferramentas
інструменти

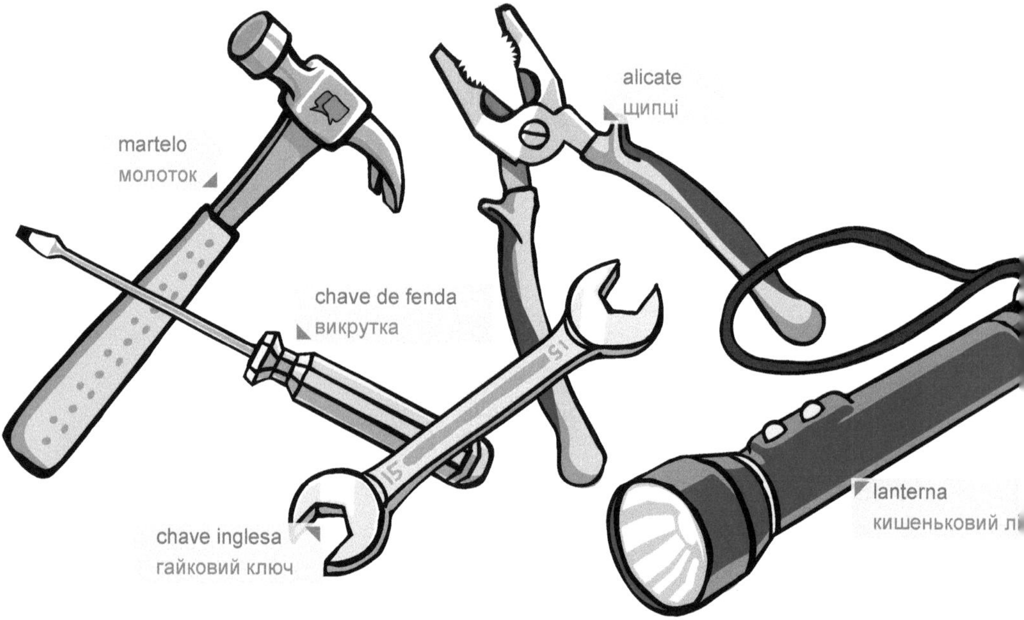

martelo
молоток
alicate
щипці
chave de fenda
викрутка
chave inglesa
гайковий ключ
lanterna
кишеньковий лі

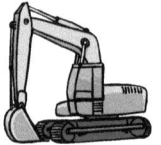

escavadora

екскаватор

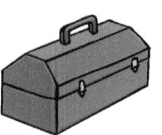

caixa de ferramentas

ящик для інструментів

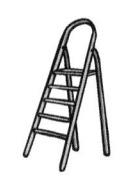

escada de mão

драбина

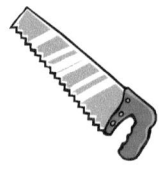

serra

пилка

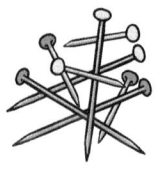

pregos

цвяхи

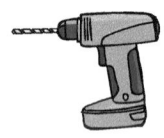

furadeira

свердло

consertar
ремонтувати

pá
лопата

Droga!
лайно!

pá de lixo
совок

pote de tinta
відро з фарбою

parafusos
гвинти

instrumentos musicais
музичні інструменти

alto-falante
динамік

bateria
ударна установка

guitarra
гітара

contrabaixo
контрабас

trompete
труба

piano

фортепіано

violino

скрипка

baixo

бас

timbales

литаври

tambor

барабан

teclado

клавіатура

saxofone

саксофон

flauta

флейта

microfone

мікрофон

zoológico
зоопарк

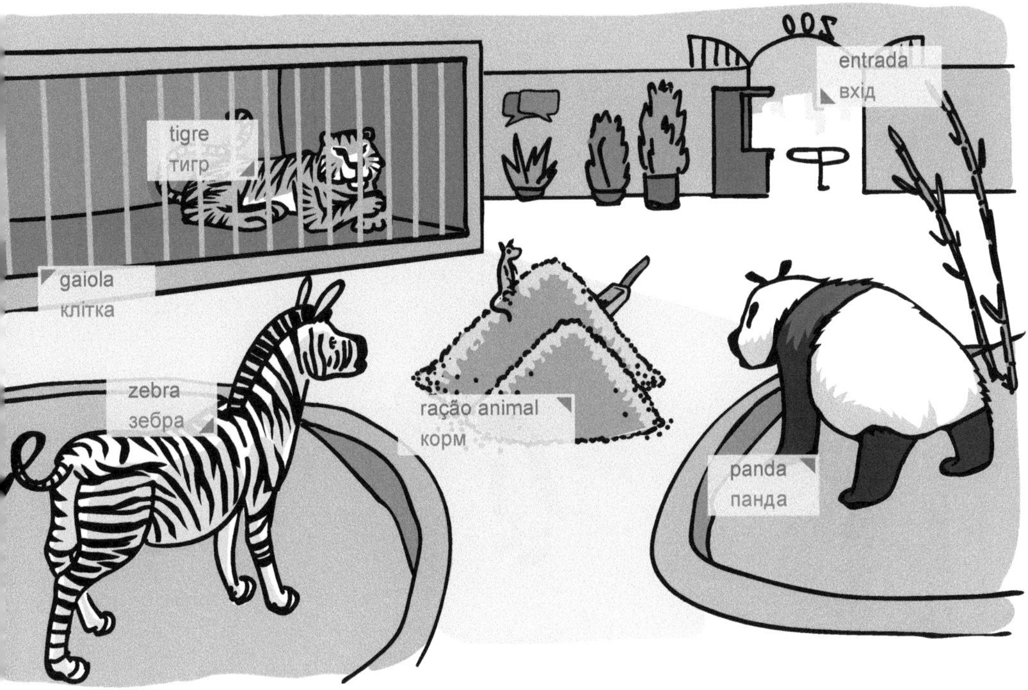
entrada
вхід
tigre
тигр
gaiola
клітка
zebra
зебра
ração animal
корм
panda
панда

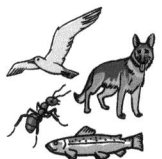

animais
тварини

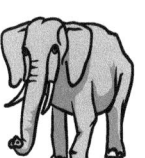

elefante
слон

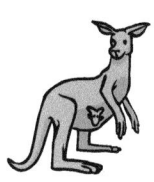

canguru
кенгуру

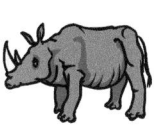

rinoceronte
носоріг

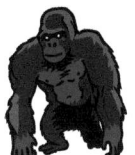

gorila
горила

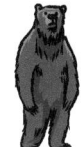

urso
ведмідь

camelo

верблюд

avestruz

страус

leão

лев

macaco

мавпа

flamingo

фламінго

papagaio

папуга

urso polar

білий ведмідь

pinguim

пінгвін

tubarão

акула

pavão

павич

cobra

змія

crocodilo

крокодил

guarda do zoológico

працівник зоопарку

foca

тюлень

jaguar

ягуар

pônei

поні

leopardo

леопард

hipopótamo

гіпопотам

girafa

жираф

águia

орел

javali

кабан

peixe

риба

tartaruga

черепаха

morsa

морж

raposa

лисиця

gazela

газель

futebol americano
американський футбол

ciclismo
їзда на велосипеді

tênis
теніс

basquete
баскетбол

natação
плавання

boxe
бокс

hóquei no gelo
хокей

futebol
футбол

badminton
бадмінтон

atletismo
легка атлетика

handebol
гандбол

esqui
лижні перегони

polo
поло

atividades
дії

rir
сміятися
pular
стрибати
abraçar
обіймати
andar
йти
cantar
співати
sonhar
мріяти
rezar
молитися
beijar
цілувати

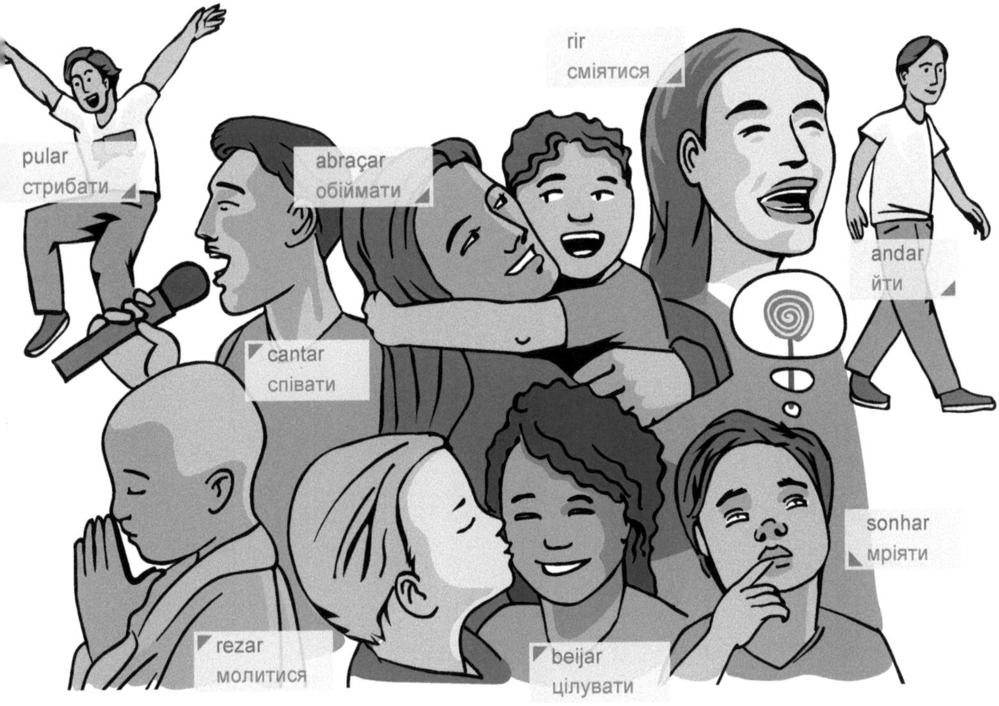

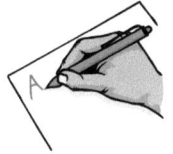

escrever
писати

desenhar
малювати

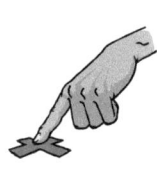

mostrar
показувати

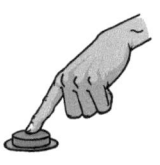

empurrar
тиснути

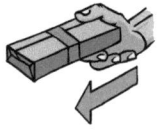

dar
давати

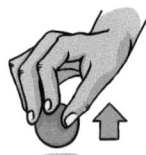

tomar
брати

ter

мати

fazer

робити

ser

бути

ficar de pé

стояти

correr

бігати

puxar

тягнути

jogar

кидати

cair

падати

deitar

лежати

esperar

очікувати

carregar

носити

sentar

сидіти

vestir

одягати

dormir

спати

despertar

просипатися

olhar para

дивитися

chorar

плакати

acariciar

гладити

pentear

розчісувати

falar

розмовляти

entender

розуміти

perguntar

питати

ouvir

слухати

beber

пити

comer

їсти

arrumar

прибирати

amar

любити

cozinhar

варити

dirigir

їхати

voar

літати

velejar

йти під вітрилом

calcular

рахувати

ler

читати

aprender

вчитися

trabalhar

працювати

casar

одружуватися

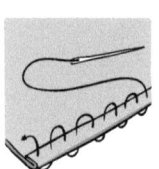

costurar

шити

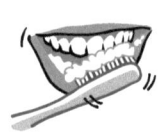

escovar os dentes

чистити зуби

matar

убивати

fumar

курити

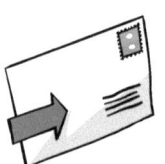

enviar

посилати

avó / бабуся

avô / дідуся

pai / батько

mãe / мати

bebê / немовля

filha / донька

filho / син

convidado

гість

tia

тітка

tio

дядько

irmão

брат

irmã

сестра

corpo

тіло

testa
чоло
olho
око
ombro
плече
dedo
палець
rosto
обличчя
queixo
підборіддя
mão
кисть
peito
груди
perna
нога
braço
рука

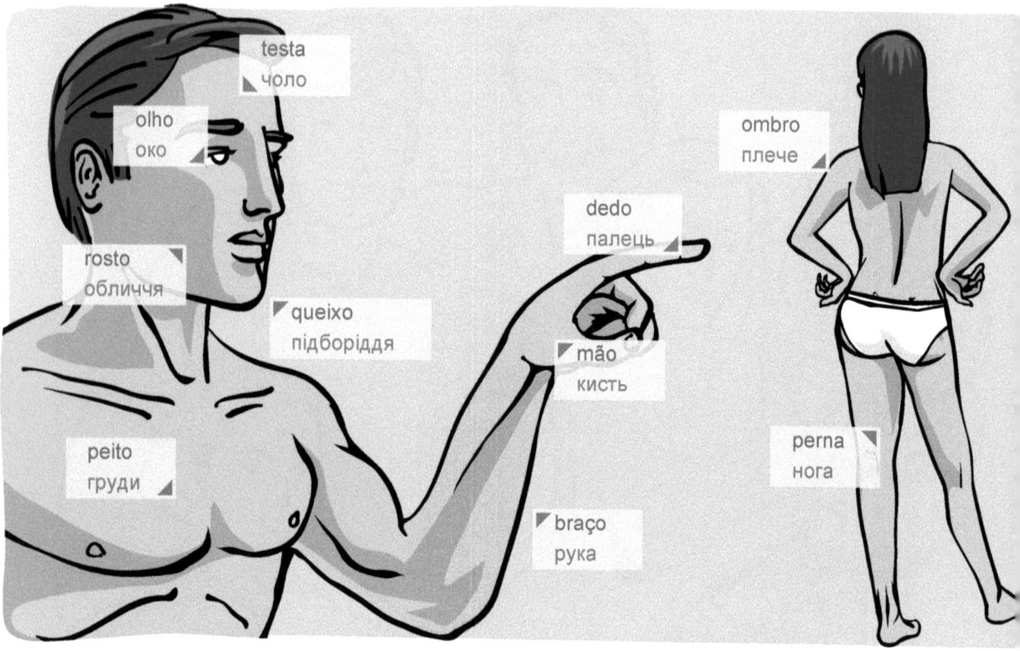

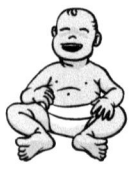

bebê

немовля

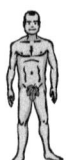

homem

чоловік

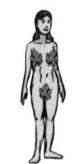

mulher

жінка

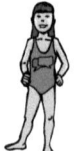

menina

дівчина

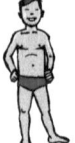

menino

хлопчик

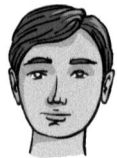

cabeça

голова

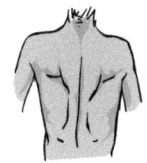

costas

спина

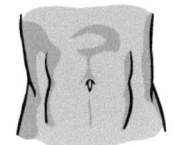

barriga

живіт

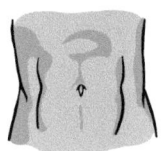

umbigo

пуп

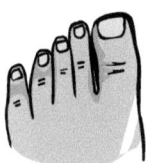

dedo do pé

палець ноги

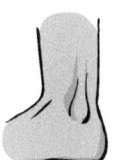

calcanhar

п'ята

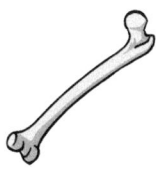

osso

кістка

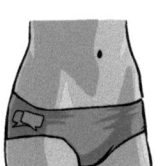

anca

стегно

joelho

коліно

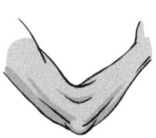

cotovelo

лікоть

nariz

ніс

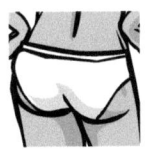

nádegas

сідниці

pele

шкіра

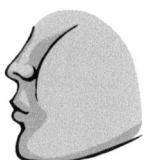

bochecha

щока

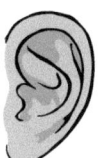

orelha

вухо

lábio

губа

corpo - тіло

boca

рот

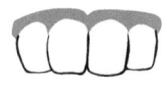

dente

зуб

língua

язик

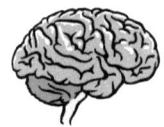

cérebro

мозок

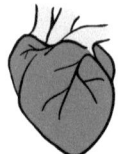

coração

серце

músculo

м'яз

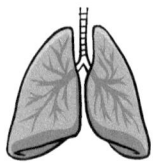

pulmão

легені

fígado

печінка

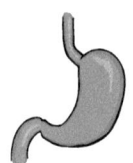

estômago

шлунок

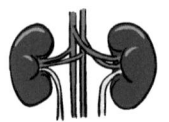

rins

нирки

relações sexuais

статевий акт

preservativo

презерватив

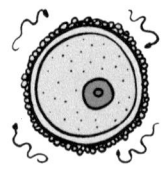

óvulo

яйцеклітина

esperma

сперма

gravidez

вагітність

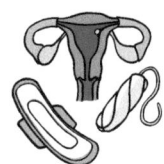

menstruação
менструація

vagina
вагіна

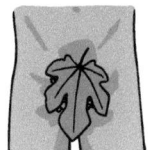

pênis
пеніс

sobrancelha
брова

cabelo
волосся

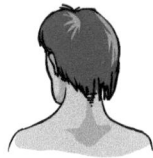

pescoço
шия

hospital
лікарня

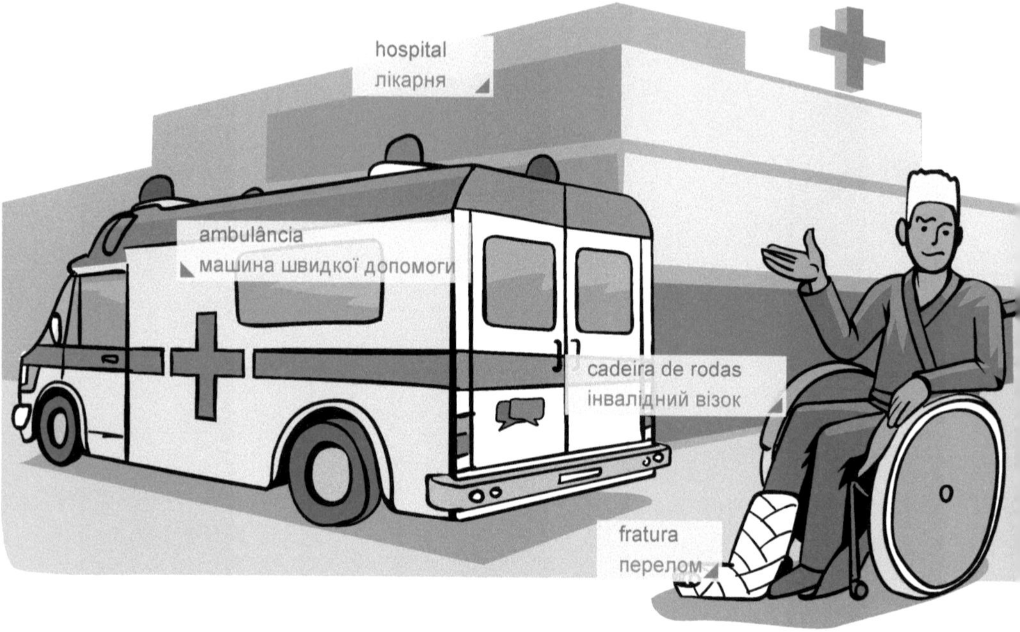

hospital
лікарня
ambulância
машина швидкої допомоги
cadeira de rodas
інвалідний візок
fratura
перелом

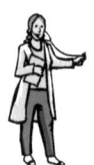

médico
лікар

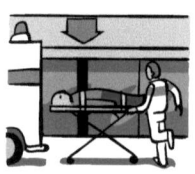

pronto-socorro
відділення швидкої медичної допомоги

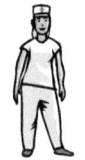

enfermeira
медсестра

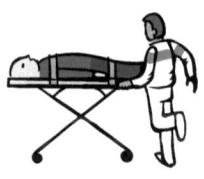

emergência
аварійний випадок

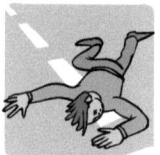

inconsciente
непритомний

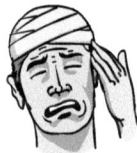

dor
біль

ferimento

травма

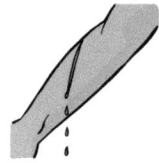

hemorragia

кровотеча

ataque cardíaco

інфаркт

acidente vacular cerebral

інсульт

alergia

алергія

tosse

кашель

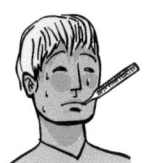

febre

лихоманка

gripe

грип

diarreia

пронос

dor de cabeça

головна біль

câncer

рак

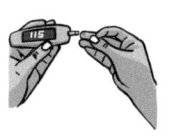

diabetes

діабет

cirurgião

хірург

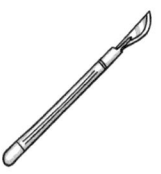

bisturi

скальпель

operação

операція

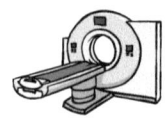

CT
KT

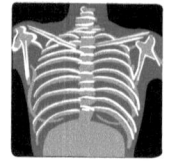

raio x
рентген

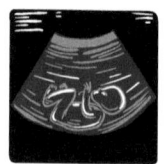

ultrassom
ультразвук

máscara
маска

doença
хвороба

sala de espera
зал очікування

muleta
милиця

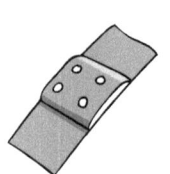

bandeide
пластир

ligadura
пов'язка

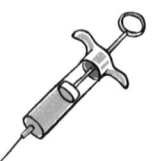

injeção
ін'єкція

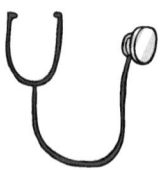

estetoscópio
стетоскоп

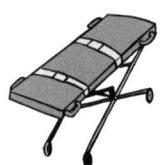

maca
ноші

termômetro
термометр

nascimento
народження

excesso de peso
надмірна вага

aparelho auditivo

слуховий апарат

desinfetante

дезінфікуючий засіб

infecção

інфекція

vírus

вірус

HIV / AIDS

ВІЛ / СНІД

medicamento

медицина

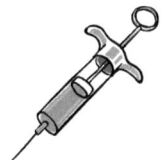

vacinação

вакцинація

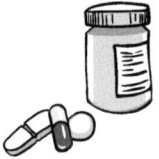

comprimidos

таблетки

pílula

протизаплідна пігулка

chamada de emergência

екстрений виклик

dispositivo de medição de pressão arterial

тонометр

doente / saudável

хворий / здоровий

Socorro!

Допоможіть!

alarme

сигнал тривоги

assalto

напад

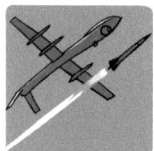

ataque

атака

perigo

небезпека

saída de emergência

аварійний вихід

Fogo!

Вогонь!

extintor de incêndios

вогнегасник

acidente

аварія

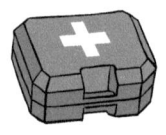

maleta de primeiros
socorros

аптечка

SOS

СОС

polícia

поліція

Europa

Європа

América do Norte

Північна Америка

América do Sul

Південна Америка

África

Африка

Ásia

Азія

Austrália

Австралія

Atlântico

Атлантика

Pacífico

Тихий океан

Oceano Índico

Індійський океан

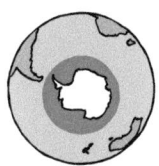

Oceano Antártico

Антарктичний океан

Oceano Ártico

Північний Льодовитий океан

Polo Norte

Північний полюс

Polo Sul

Південний полюс

Antártica

Антарктика

Terra

Земля

terra

суша

mar

море

ilha

острів

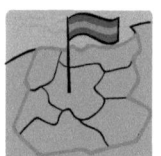

nação

нація

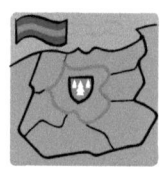

estado

держава

mostrador do relógio

циферблат

ponteiro das horas

годинникова стрілка

ponteiro dos minutos

хвилинна стрілка

ponteiro dos segundos

секундна стрілка

Que horas são?

Котра година?

dia

день

tempo

час

agora

зараз

relógio digital

цифровий годинник

minuto

хвилина

hora

година

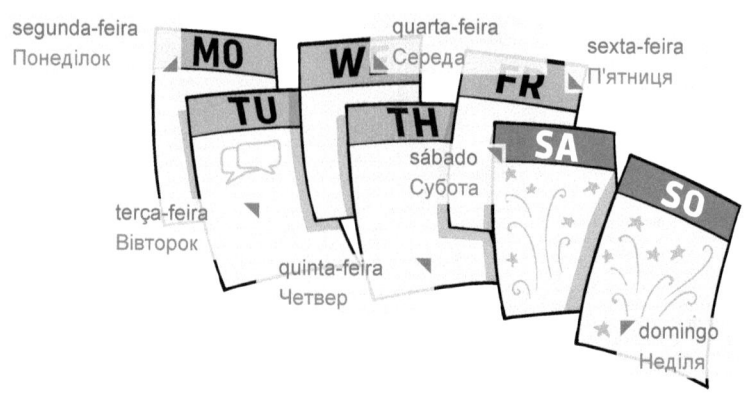

segunda-feira
Понеділок

quarta-feira
Середа

sexta-feira
П'ятниця

terça-feira
Вівторок

quinta-feira
Четвер

sábado
Субота

domingo
Неділя

ontem

вчора

hoje

сьогодні

amanhã

завтра

manhã

ранок

meio-dia

опівдні

entardecer

вечір

dias úteis

робочі дні

fim de semana

кінець робочого тижня

ano
рік

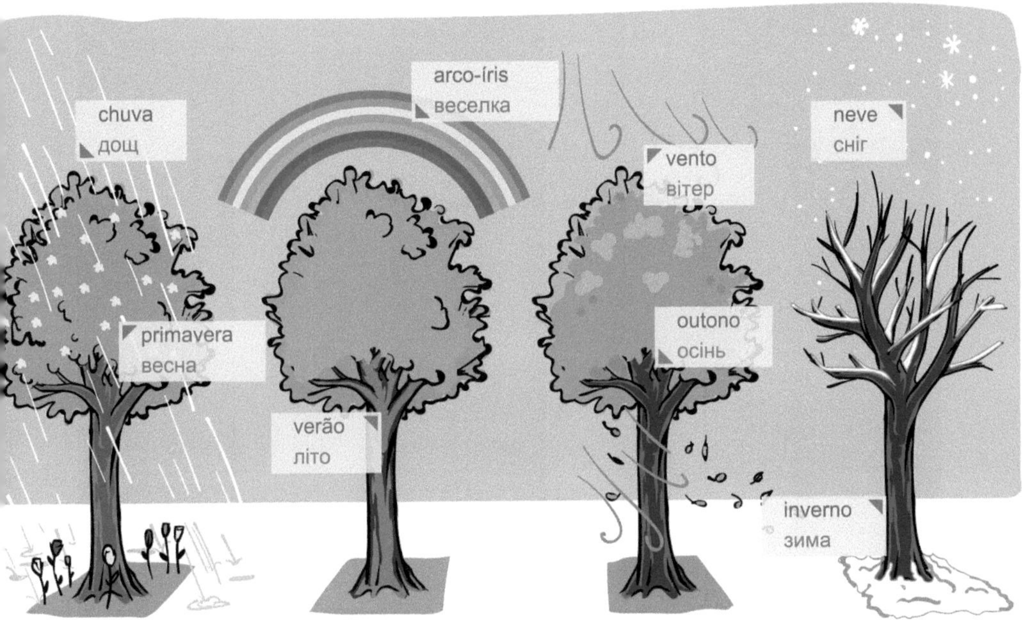

arco-íris
веселка
chuva
дощ
neve
сніг
vento
вітер
primavera
весна
outono
осінь
verão
літо
inverno
зима

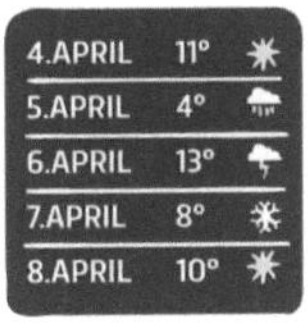

4.APRIL 11°
5.APRIL 4°
6.APRIL 13°
7.APRIL 8°
8.APRIL 10°

previsão do tempo

прогноз погоди

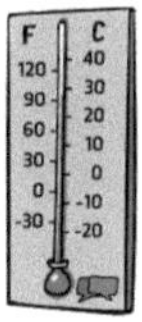

F C
120 40
90 30
60 20
30 10
0 0
-30 -10
-20

termômetro

термометр

raio de sol

сонячне світло

nuvem

хмара

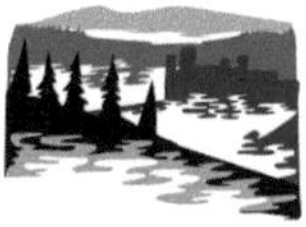

neblina / nevoeiro

туман

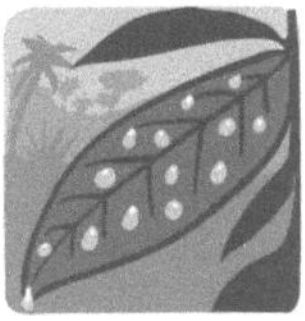

umidade do ar

вологість повітря

relâmpago

блискавка

trovão

грім

tempestade

шторм

granizo

град

monção

мусон

inundação

повінь

gelo

лід

janeiro

Січень

fevereiro

Лютий

março

Березень

abril

Квітень

maio

Травень

junho

Червень

julho

Липень

agosto

Серпень

ano - рік

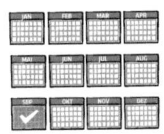

setembro
·················
Вересень

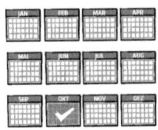

outubro
·················
Жовтень

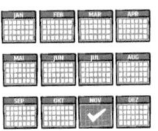

novembro
·················
Листопад

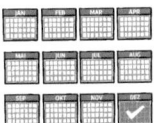

dezembro
·················
Грудень

formas
форми

círculo
·················
круг

quadrado
·················
квадрат

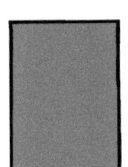

retângulo
·················
прямокутник

triângulo
·················
трикутник

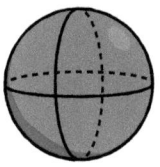

esfera
·················
куля

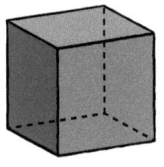

cubo
·················
куб

branco

білий

amarelo

жовтий

laranja

помаранчевий

rosa

рожевий

vermelho

червоний

lilás

фіолетовий

azul

синій

verde

зелений

marrom

коричневий

cinza

сірий

preto

чорний

muito / pouco

багато / мало

furioso / tranquilo

лютий / мирний

lindo / feio

гарний / бридкий

começo / fim

початок / кінець

grande / pequeno

великий / малий

claro / escuro

світлий / темний

irmão / irmã

брат / сестра

limpo / sujo

чистий / брудний

completo / incompleto

завершений /
незавершений

dia / noite

день / ніч

morto / vivo

мертвий / живий

largo / estreito

широкий / вузький

comestível / não comestível

їстівний / неїстівний

mau / gentil

злий / дружній

entusiasmado / entediado

збуджений / нудьгуючий

gordo / magro

товстий / тонкий

primeiro / último

спочатку / востаннє

amigo / inimigo

друг / ворог

cheio / vazio

повний / порожній

duro / macio

жорсткий / м'який

pesado / leve

важкий / легкий

fome / sede

голод / спрага

doente / saudável

хворий / здоровий

ilegal / legal

незаконний / законний

inteligente / idiota

розумний / дурний

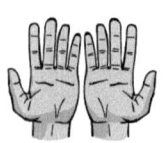

esquerda / direita

вліво / вправо

perto / longe

поруч / далеко

novo / usado

новий / використаний

nada / alguma coisa

нічого / щось

velho / jovem

старий / молодий

ligado / desligado

вкл / викл

aberto / fechado

відкрито / закрито

baixo / alto

тихо / гучно

rico / pobre

багатий / бідний

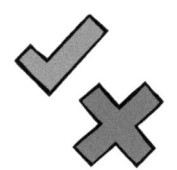

certo / errado

правильно / неправильно

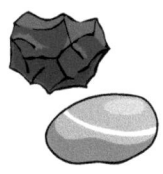

áspero / liso

шорсткий / гладкий

triste / feliz

сумний / щасливий

curto / longo

короткий / довгий

lento / rápido

повільно / швидко

molhado / seco

вологий / сухий

ameno / fresco

гарячий / холодний

guerra / paz

війна / мир

números

числа

0
zero
нуль

1
um
один

2
dois
два

3
três
три

4
quatro
чотири

5
cinco
п'ять

6
seis
шість

7
sete
сім

8
oito
вісім

9
nove
дев'ять

10
dez
десять

11
onze
одинадцять

12

doze

дванадцять

13

treze

тринадцять

14

quatorze

чотирнадцять

15

quinze

п'ятнадцять

16

dezesseis

шістнадцять

17

dezessete

сімнадцять

18

dezoito

вісімнадцять

19

dezenove

дев'ятнадцять

20

vinte

двадцять

100

cem

сто

1.000

mil

тисяча

1.000.000

milhão

мільйон

inglês
англійська

inglês americano
американська англійська

chinês mandarim
китайська
високочиновницька

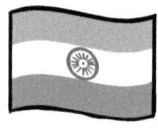

hindi
хінді

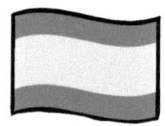

espanhol
іспанська

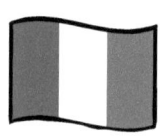

francês
французька

árabe
арабська

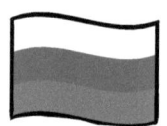

russo
російська

português
португальська

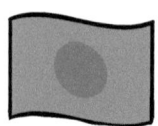

bengalês
бенгальська

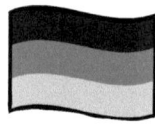

alemão
німецька

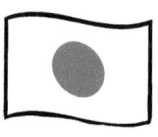

japonês
японська

eu

я

você

ти

ele / ela

він / вона / воно

nós

ми

vocês

ви

eles / elas

вони

quem?

хто?

O quê?

що?

como?

як?

onde?

де?

Quando?

коли?

nome

ім'я

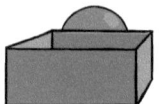

atrás

ззаду

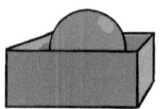

em

в

na frente de

перед

sobre

над

em cima

на

debaixo

під

do lado

біля

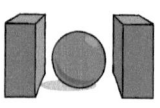

entre

між

lugar

місце